Justicia

VIRTUDES DE MI CORAZÓN

Escrito e ilustrado por Melissa López Charepoo

Edición original en inglés
© 2021 Melissa López Charepoo
ISBN: 9781661776121

Edición traducida al español
© 2021 Melissa López Charepoo
ISBN: 9798587849846

Pie de imprenta: Publicado independientemente

A todos aquellos que luchando por la justica hacen del mundo uno mejor.

¿Te has preguntado alguna vez qué significa la palabra **justicia**?

Justicia es actuar con rectitud en todo lo que hacemos. Es una virtud o una buena cualidad de nuestro corazón. Podemos luchar por la justicia de dos maneras: como individuos y como sociedad. Luchamos por la justicia como individuos reconociendo la nobleza de cada ser humano. Luchamos por la justicia como sociedad defendiendo nuestros derechos, cumpliendo con nuestras responsabilidades como ciudadanos y asegurándonos de que nuestra sociedad sea justa para todos.

¡Podemos luchar por la justicia en todo lo que hacemos!

Como individuo, practico la justicia actuando con **independencia**. Puedo pensar por mí misma y no me convencen únicamente las opiniones de los demás. Investigo la verdad y formo una opinión basada en los hechos que veo.

¿Cómo luchas por la justicia practicando la **independencia**?

Una forma en que actuo con justicia en casa es siendo siempre honesta con mi familia. Trato de ver la verdad en cualquier situación. Siempre hablo con **veracidad** y asumo la responsabilidad de mis actos cuando tengo la culpa.

¿Cómo luchas por la justicia practicando la **veracidad**?

Como amigo, lucho por la justicia actuando con **pureza**. Evito murmurar sobre los demás y libero mi corazón de todo tipo de prejuicios. Los prejuicios son opiniones acerca de un individuo, grupo o raza que no se basa en la verdad. Por ejemplo, podemos tener prejuicios por el color de piel, religión, cultura, género, edad y muchos más. Los prejuicios afectan negativamente nuestras opiniones sobre los demás. Tener un corazón puro, libre de prejuicios, nos permite ver nobleza en todos.

¿Alguna vez has experimentado prejuicios? ¿Cómo luchas la justicia actuando con pureza con tus amigos?

Siempre estoy dispuesta para resolver cualquier problema con mis amigos. Cuando tengo una diferencia de opinión o me siento herida, lucho por la justicia siendo **asertiva**. También actúo con **humildad** cuando escucho las perspectivas de otras personas y admito cuando he hecho mal. Siempre me esfuerzo por hacer las paces con todos.

¿Cómo luchas por la justicia siendo **asertivo** y actuando con **humildad**?

Como parte de una comunidad, en los deportes o en la escuela, lucho por la justicia actuando con **integridad**. Defiendo lo que creo que es correcto. También defiendo a otras personas cuando se enfrentan a situaciones injustas.

¿Cómo luchas por la justicia actuando con **integridad**?

En una sociedad justa, la justicia se centra en la recompensa y el castigo basados en la ley. Las leyes son reglas establecidas en la sociedad para proteger a todos. Somos recompensados cuando hacemos lo correcto. Somos castigados cuando hacemos algo incorrecto. En una sociedad justa, las recompensas y los castigos son los mismos para todos. Actuamos con **sabiduría** cuando decidimos hacer lo correcto al ser **obedientes** a la ley y asegurarnos de que las leyes sean justas y se apliquen por igual a todos.

¿Cuáles son algunas de las leyes de tu sociedad? ¿Cómo luchas por la justicia practicando la **sabiduría**?

LOVE
JUSTICE
UNITY
WE ARE ONE

Nuestra sociedad puede ser injusta con un individuo o un grupo de personas. Mostramos **empatía** con nuestros conciudadanos cuando escuchamos sus experiencias e identificamos cosas en nuestra sociedad que son injustas para los demás. Al liberar nuestro corazón de los prejuicios, tenemos el **coraje** de cambiar las cosas. Juntos podemos construir una sociedad más justa y equitativa para todos.

¿Cómo luchas por la justicia mostrando **empatía** hacia aquellos que no tienen los mismos privilegios y oportunidades que tú? ¿Cómo puede ayudar a construir una sociedad más justa teniendo
el **coraje** para cambiar las cosas?

Como ciudadana del mundo, entiendo que todo ser humano merece una sociedad justa y equitativa. Primero debemos lograr una sociedad justa para tener **unidad**. Solo cuando todos seamos tratados con igualdad y justicia, aparecerán la armonía y la paz en el mundo.

¿Cómo luchas por la justiciar para lograr la **unidad** mundo?

Como puede ver, hay muchas formas en que podemos luchar por la **justicia** en nuestra vida diaria como individuos y como parte de la sociedad. Al practicar la justicia, también desarrollamos otras virtudes, como la independencia, la veracidad, la pureza, la asertividad, la humildad, la integridad, la responsabilidad, la obediencia, la empatía, el coraje y la unidad.

¡Nuestros corazones siempre estarán alegres cuando somos justos con los demás y con nosotros mismos y cuando tenemos el coraje para crear una sociedad más justa y equitativa!

Glosario:

Asertividad - comportamiento seguro

Coraje - la capacidad de hacer algo que nos asusta.

Empatía - la capacidad de comprender y compartir los sentimientos de otra persona.

Humildad - ser humilde, modesto y sin pretensiones.

Integridad - la cualidad de ser honesto y tener principios morales sólidos.

Justicia - ser justos en todo lo que hacemos

Obediencia - cumplimiento de una orden, solicitud o ley.

Pureza - libre de contaminación

Veracidad - honestidad, el hecho de ser sincero

Unidad - ser parte de un todo; unión

Virtud - comportamiento que muestra altos estándares morales; buenas cualidades de nuestros corazones

Sabiduría - tener buen juicio

Referencias:

The Virtues Project Cards
Oxford English Dictionary

Agradecimientos:

Mi amado esposo Darioush Charepoo por todo su apoyo.
Nuestros queridos muchachos por ser la inspiración.
Sharon Slocum Greer por ayudar con la corrección de pruebas.
Leanna Guillén Mora por ayudar con la corrección y edición del libro.

www.ingramcontent.com/pod-product-compliance
Lightning Source LLC
Chambersburg PA
CBHW042018110726
48006CB00004B/1132